गवैया गधा

लेखनः शंकर
चित्रांकनः जगदीश जोशी

CHILDREN'S BOOK TRUST NEW DELHI TM
चिल्ड्रन्स बुक ट्रस्ट, नई दिल्ली

एक बूढ़ा गधा रात में अकेला घूम रहा था। उसे देखकर एक चालाक सियार ने पूछा, "क्यों काका! इस समय कहां चले?"

गधे ने कहा, "अरे भतीजे, मैं एक धोबी के घर में सुबह

से शाम काम करता हूं। लेकिन वह मुझे पेटभर खाना भी नहीं देता। रात होते ही वह मुझे खोल देता है। घूमते-घामते मुझे जो कुछ मिल जाता है, वही खा लेता हूं।"

“तब तो काका मैं भी तुम्हारे साथ चलता हूं। मुझे भी भूख लगी है।”

गधा और सियार दोनों साथ-साथ चलने लगे।

चलते-चलते दोनों एक खीरे के खेत में पहुंचे। खीरे पक कर एकदम तैयार थे। गधे और सियार ने भरपेट खीरे खाए।

गधे ने तो इतना खाया, इतना खाया कि उसका पेट फूलकर ज़मीन को छूने लगा।

फिर गधा सियार से बोला, "बेटा, इतने बढ़िया खीरे तो मैंने पहली बार खाए हैं। आज मैं बहुत खुश हूं। भई, अब

तो मेरा जी गाने को कर रहा है।"

"अरे काका! गाना मत शुरू कर देना।"

"क्यों भतीजे, क्यों नहीं?" गधे ने पूछा।

"क्योंकि खेतवाले तुम्हारा गाना सुन लेंगे।"

"सुनने दो। मैं किसी की परवाह नहीं करता। उनको भी मेरा गाना सुनकर मज़ा आएगा। तुम्हें गाना नहीं आता इसीलिए तुम मुझे भी मना कर रहे हो," गधा बोला।

सियार बोला, "अच्छा काका, तुम गाओ, मैं चला। मैं तुम्हारा गाना दूर से ही सुनूंगा।"

गधे ने मुंह ऊपर उठाया और ऊंची आवाज़ में गाने लगा।

किसानों ने जब खेत में गधे को रेंकते सुना, तो वे सब लाठी लेकर भागे और खेत में जा पहुंचे। सबने मिलकर गधे को इतना पीटा कि वह ज़मीन पर गिर पड़ा। फिर वे

सब उसे घसीटकर खेत के बाहर ले गए और उसे सड़क पर डालकर चले गए।

थोड़ी देर में सियार वहां पहुंचा। गधे को अधमरा देखकर उसके पास आकर बोला, "क्यों काका, आया मज़ा गाने में?"

"अरे भतीजे, अब बहुत हो चुका। अब यह बताओ कि मैं घर कैसे पहुंचूं?"

"काका! चिंता क्यों करते हो, धोबी खुद ही आकर तुम्हें ले जाएगा।" और इतना कहकर सियार आगे बढ़ गया।